Colorized photo OKINAWA

カラー化写真で見る沖縄
白黒写真カラー化プロジェクト　ホリーニョ　編

ボーダーインク

編者まえがき

あの時代、あの場所で確かに生きていた

ホリーニョ　　白黒写真カラー化プロジェクト

「亡くなった祖母を思い出しました」。

写真を観た方から、以前そんな印象的なコメントをいただきました。

私は、沖縄の戦前～戦後の白黒写真を AI（人工知能）を活用してカラー化して SNS へ投稿する活動をしています。2019年からスタートして、これまで300枚以上の白黒写真を着色してきました。

カラー化した写真は、SNS で効果的に注目を集める効果があり、写真を観た方々からたくさんのリアクションをいただきます。「亡くなった祖母が話してくれた昔の暮らしがイメージできた」「祖父が写真のどこかに映り込んでるかもしれない」「写真に映り込んだ子供たちが、どうか無事で生き抜いていてほしい」。

こういった貴重なコメントをいただきながら活動を続けています。

兵庫県出身、大阪在住の私が、沖縄の写真をカラー化する活動に取り組みはじめたきっかけについて少しだけお話しさせていただきます。

1979年に兵庫県西宮市に生まれた私は、高校の修学旅行で初めて沖縄を訪れました。沖縄本島のリゾート地を巡りながら、友人たちと美しい海を訪ねて楽しかったという記憶があります。またひめゆり平和祈念資料館での沖縄戦学習や、いくつかの基地の横を通り過ぎた体験は、当時の学生の私にはうまく受け止めきれないままでした。

2000年代、大阪で会社員になった私もまた、夏季休暇を利用して毎年のように沖縄を訪問しリゾート地を満喫する観光客のひとりでした。

その後、2013年に放映された NHK 朝ドラ「あまちゃん」にハマり、ロケ地めぐりが目的で東日本大震災後の岩手県を生まれてはじめて訪問しました。また主演女優のんさんのファンになったことがきっかけで、2016年に広島の戦時下の暮らしを片渕須直監督が描いた映画『この

世界の片隅に』を劇場で観たことが、ターニングポイントになります。

　映画の舞台となった広島市や呉市を訪問してフィールドワークに参加するなど、戦前の広島の街や暮らしをだんだんと知っていく中で「戦前には、こんなにもリアルで僕らと地続きの世界があったんだ」と衝撃を受けました。

　まるで暗黒の世界のように捉えていた広島の戦前に、自分たちと同じように笑ったり苦労したりしながら生活する人々がいて、そんな街や生活が原爆で一瞬にして消えてしまったことを考え続ける中、次第に、沖縄でかつてあった地上戦において消失した街や人々の暮らしにも興味を持つようになりました。

　2017年頃からひとりで沖縄を繰り返し訪問し、博物館や写真展、古書店をめぐりながら、沖縄の歴史を自分なりに学びました。これから沖縄について知ろうとする観光客の皆さんにむけて、自分が発信したり表現できること

がないか模索する日々が一年ほど続きました。

　白黒写真カラー化との出合いは2018年頃で、東京大学大学院の渡邉英徳教授が、1935年の沖縄をカラー化した写真の展示会でした。その後、渡邉教授のワークショプでカラー化の手法や考え方を学び、一年後に沖縄で実際にカラー化を始めることになります。

　個人として、はじめてカラー化を手がけたのは、米統治下の1952〜53年に米軍医だったチャールズ・ユージン・ゲイルさんが沖縄県内各地を回り、当時の人々の生活や風景を写した写真の展示会がきっかけとなりました。

　会場にいた人が、写真の前で当時の記憶を熱心に語っていたのを見て、すぐに展示されている白黒写真のカラー化の許可をもらい、那覇のカプセルホテルの狭い部屋でAIで着色する作業をしました。完成した写真をSNSに投稿してみると、一晩で100件以上の「いいね」がついたのです。

「これは喜んでもらえる取り組みになるかも」と、少しの手ごたえを得て活動がスタートしました。

その後は、沖縄県公文書館所蔵の写真を活用したカラー化に取り組むようになりました。大量の写真の中から、沖縄戦の米兵たちの戦闘シーンや残虐な写真はあえて避けて、まずは見た人が身近に感じられるよう、女性や子どもたちが写っている写真を中心に選びました。

非常に激しい沖縄戦が進行する中、笑顔で豚を運ぶ女性、手にたばこを持ってポーズをとる若い女性、カメラを睨みつける子供たちなど、懸命に生きている人々の姿が写りこんでいるのを観て、自分も1945年に飛び込んだような気持ちでカラー化を進めました。

そうしてSNSに投稿した写真には「こんな写真見たことない」という驚きのメッセージや、祖母の実体験のお話など、様々なコメントが寄せられるようになり、活動のモチベーションになりました。

また、過酷な歴史の流れに翻弄されつつ悩み苦しみながら生きる人たちが、一枚の写真をはさんだ向こう側では「今も生きている」、そういう気持ちを持ちながらカラー化作業を続けてきました。

今回、以前より憧れだった沖縄の出版社であるボーダーインクさんから書籍化のお話をいただき感激しています。書籍になることでSNSでは届かなかった方々に届けばいいな、という気持ちで書籍化作業をすすめてきました。

そんな期待がある一方で、この書籍には、過酷な沖縄戦の中において米兵と一緒に笑顔で映り込む人々がいたりと、米軍が意図を持って撮影したであろう写真も掲載されています。いままでのカラー化活動についても、当時のアメリカの印象操作に加担する可能性に戸惑いつつの活動でもありました。

そんな悩みのある私にとっては、今回の書籍化にあたっ

て3名の沖縄の歴史研究者のみなさんが監修や解説文の寄稿を協力してくださることに深く感謝しています。

　読者のみなさんには、まずは好奇心をもちながら個別の写真を観ていただき、続いて研究者の注釈・解説を読むことで、沖縄の歴史について学術的な目線や、加えて歴史の流れを俯瞰しながら受け止めていただけるとも思います。

　この書籍を通じて、その時代のその場所に、確かに生きておられる方々の暮らしや感情に想いを馳せながら、沖縄の歴史を学ぶきっかけになれば凄く嬉しいです。

目次

編者まえがき
あの時代、あの場所で確かに生きていた 2
　　ホリーニョ　　白黒写真カラー化プロジェクト

凡例 8

戦前（近代） 9

監修者解説　戦前（近代）の沖縄 36
　　前田　勇樹　　琉球大学附属図書館 一般職員／沖縄県立芸術大学 共同研究員

戦中 39

監修者解説　戦時下の沖縄 94
　　喜納　大作　　沖縄国際大学南島文化研究所特別研究員

戦後 · 97

監修者解説　戦後（米国統治期）の沖縄 · · · · · · · · · · · · · · · · · · 134
　古波藏　契　　明治学院大学社会学部付属研究所研究員

編者あとがき
写真の向こう側の人々へ · 138
　ホリーニョ　　白黒写真カラー化プロジェクト

参考文献 · 140

元写真　　　　　　　　　　　　　　　カラー化写真

凡例

- 本書に収録された写真はいずれも白黒写真をAIと手動によってカラー化、色補正したものである。
- カラー化に際しては可能な限り事実関係の調査を実施したが、実際の色味とは異なる場合がある。
- 元になった白黒写真の所蔵や出典は各写真のキャプション末尾に記載した。

カバー表写真　　　　　沖縄県公文書館 所蔵
カバー裏・大扉写真　　左上：琉球大学附属図書館 所蔵、それ以外は沖縄県公文書館 所蔵

戦前（近代）

那覇市役所の近くにあった那覇郵便局。郵便業務のほか、為替、貯金、通信・電話の業務にあたった。沖縄で郵便制度が施行されたのは琉球藩時代の1874年。那覇市歴史博物館 提供

Automatic Image Colorization

首里城正殿に立つ熊本鎮台分遣隊の歩哨。明治政府は琉球藩を清国の冊封体制から切り離して自国領に編入する「琉球処分」を実施した。処分官に任命された松田道之は応対した今帰仁王子に琉球藩の廃止と沖縄県設置を通知し、熊本鎮台分遣隊を率いて首里城へと進軍、無抵抗での明け渡しを実現した。これによって琉球王国は事実上消滅した。接収した首里城で撮影されたものと推測される。那覇市歴史博物館 提供

中山門。1428年創建とされる首里の儀礼城門で、「中山」の扁額が掲げられていた。100年後に建てられた守礼門とは同じ形、同じ大きさで対をなし、両者をつなぐ長さ500メートルの通りは綾門大道（あやじょううふみち）と呼ばれる主要道路だった。中山門は1908年に老朽化で取り壊され現存しない。琉球大学附属図書館 所蔵

普天満宮参道。「じのーんなんまち」と呼ばれ、17世紀後半に浦添の当山から普天満宮まで整備された街道。戦前までこの地域のランドマークで、1932年には国指定天然記念物に指定。沖縄戦中の日本軍や戦後の米軍によって切り倒された。琉球大学附属図書館 所蔵

勝連按司・阿麻和利の居城として知られる勝連グスク。現在ほとんど残っていない東側外郭の城壁が写っている。古老の話によれば、海岸からみたグスクの姿は山原船のようだったとか。琉球大学附属図書館 所蔵。

久米孔子廟で行われる儀礼、釈奠(せきてん)の様子。釈奠とは、孔子とその門人を祀る祭祀のこと。琉球大学附属図書館 所蔵

八幡神社。安里八幡宮のことで、琉球八社のひとつ。第一尚氏王統最後の国王尚徳王の時代に創建。琉球八社で唯一の八幡宮。琉球大学附属図書館 所蔵

製糖の様子。鉄や石でできた歯車のあいだにサトウキビを差し込み、馬や牛を歩かせて棒を回すと砂糖汁が搾り出される仕組み。こうした自家製糖工場の光景は琉球王国時代から第二次大戦直後まで沖縄各地で見ることができた。琉球大学附属図書館 所蔵

海外貿易品を貯蔵していた首里王府の倉庫「御物城（おものぐすく）」。写真は、近代になってその跡地に建てられた高級料亭「風月楼」。御物城の遺構は現存するが、米軍那覇軍港の敷地となっており立ち入ることはできない。琉球大学附属図書館 所蔵

琉球処分後、沖縄県としての業務は西村(現 西1丁目)の薩摩奉行所跡につくられた仮庁舎で行われていたが、1920年には現在地である美栄橋町(現 泉崎1丁目)に新築移転された。写真は新造された庁舎。琉球大学附属図書館 所蔵

大門前通り。現在の東町一帯は行政機関や寄留商人らの商店が立ち並ぶ那覇随一の繁華街であった。奥にあるのは那覇市役所の高さ23メートルの塔。当時の那覇市でもっとも高い建造物で、那覇のシンボルともいわれた。那覇市歴史博物館 提供

泊高橋の横にある電車鉄橋を走る電車。旅客取扱のある鉄道として沖縄で最初に開通したのは、首里と那覇を結ぶ路面電車であった(1914年開業)。琉球大学附属図書館 所蔵

沖縄県鉄道（通称：軽便鉄道）糸満線の糸満駅。手前に写っているのは駅長と駅員。沖縄県鉄道は、路面電車開業の半年後、1914年に那覇～
与那原間の与那原線が開業した。その後、1922年に嘉手納線（那覇～嘉手納）、1923年に糸満線（那覇～糸満）が開通。沖縄戦で破壊されるまで、
「ケイビン（ケービン）」の愛称で親しまれた。　那覇市歴史博物館 提供

那覇の中心地、東町の親見世前通りを走る電車。「親見世」とは、近世期の那覇の役所のこと。右側の大きな建物は百四十七銀行那覇支店。
那覇市歴史博物館 提供

那覇の市場（マチ）。大きなバーキなどを頭上に乗せて運搬する人の姿も見受けられる。那覇市歴史博物館 提供

大門前にあった平尾本店。呉服反物、清涼飲料などの卸問屋として名を馳せた寄留商人の店である。寄留商人とは明治10年代ごろから沖縄にやってくるようになった他府県の商人で、米や砂糖などを独占的に取引するなど、沖縄の政財界を仕切る一大勢力であった。写真は1935年頃のもの。那覇市歴史博物館 提供

西町の仲村渠呉服店。那覇市歴史博物館 提供

1908年7月、奥武山公園で開催された土地整理事業完了の「改租記念碑」(左)と、第8代沖縄県知事・奈良原繁の銅像(右)の除幕式。奈良原県政の時代に、王国時代の土地・租税制度は改革され、沖縄版の地租改正が行われた。那覇市歴史博物館 提供

一中対二中の野球試合。戦前の沖縄では、野球やバレーボール、バスケなど学生スポーツが盛んに行われていた。とくに一中と二中の試合は、新聞でも度々報じられている。戦後の学制改革によって一中は首里高校、二中は那覇高校になった。那覇市歴史博物館 提供

女性舞踊家のパイオニア、新垣芳子（1918—1940）。芸事がまだ男性中心の時代であった1937年、東京で開催された「琉球古典芸能大会」に玉城盛重、父である新垣松含らとともに出演、披露した「鳩間節」は中央の批評家から高い評価を得るなど一躍脚光を浴びた。琉球大学附属図書館 所蔵

尚昌（1888―1923）。最後の琉球国王・尚泰の孫で尚典侯爵の子。オックスフォード大に留学し、将来を嘱望されていたが、34才の若さで亡くなった。出典:『沖縄県写真帖第1輯』

（左）ハブを手に持つ男性（ハブの腹を持つのは大変危険です。マネしないように…）。後ろに男子学生らしき人たちが写っているので学校での撮影か。琉球大学附属図書館 所蔵
（右）琉球庭園と女性。後ろには、琉球風の庭園でみられる立派な蘇鉄。琉球大学附属図書館 所蔵

桶や水瓶を頭上にのせて運搬する女性たち。琉球大学附属図書館 所蔵

遊郭の女性たち。地方の貧困家庭から女性は辻遊郭へ「辻売り」、男性は糸満の漁村へ「糸満売り」が戦前まで行われていた。琉球大学附属図書館 所蔵

辻遊郭の内部。琉球大学附属図書館 所蔵

戦前の沖縄からは南洋諸島への出稼ぎが盛んに行われていた。南洋諸島ポナペ島(ポンペイ)もその出稼ぎ先のひとつ。
退島に際し集まった沖縄県人会有志たち。那覇市歴史博物館 提供

明治後期〜大正初期ごろのインテリ女性たち。高髷に袴姿での集合写真。撮影場所は奥武山公園内の六角堂前で、右後ろに見えているモニュメントは、日露戦争で亡くなった兵士を顕彰する忠魂碑。那覇市歴史博物館 提供

監修者解説

戦前（近代）の沖縄

前田　勇樹　　琉球大学附属図書館 一般職員／沖縄県立芸術大学 共同研究員

沖縄の近代とは？

　「ヤマト世」と呼ばれる沖縄の「近代」は、1879年の「廃琉置県（琉球処分／琉球併合）」により、近世国家としての琉球王国が解体され、「沖縄県」として近代日本へ併呑される年を起点としている。ここから約15年は、旧士族層の抵抗運動や統治上の事情により「旧慣」（王国時代の制度・慣習）が温存されたが、1892年の奈良原繁県知事の就任と1895年の日清戦争を機に、急速に「（日本的）近代化」の波が沖縄社会へと流れ込んでくる。黒糖産業の基幹産業化、交通や衛生などのインフラ整備、女子教育を含む教育の定着、海外移民など、近世期との変化を挙げると枚挙にいとまがない。

　しかしながら、これを近世封建社会からの「解放」と手放しに賞賛することはできない。一方で近代という時代を通して、沖縄の人々には「日本人になる」という苦悩が強いられることになった。日本本土とは異なる歴史や言語、文化を持つ沖縄の人々は、近代日本のヒエラルキーのなかで「二等国民」に位置付けられ、政治的・文化的・経済的な差別を受けた。また、近代沖縄での官民挙げての日本への「同化」の推進は、この差別克服という至上命題に対する切実な実践であり、自らの言語や文化を否定することで、個人の社会的上昇（出世）や、地域社会の発展を志向するものであった。

　また、1920年代以降、沖縄社会は大不況の時代（通称「ソテツ地獄」）へと突入する。沖縄差別の克服と不況からの自力更生は、「忠良な帝国臣民になること」と同義となっていき、沖縄各地の御嶽は「神社」へと位置付け直され、学校では「方言札」に代表されるような標準語励行が強まり、「生活改善」と呼ばれる矯正が日常生活の至る範囲にわたった。こうした社会状況のなかで、沖縄戦へと至る総力戦体制の時代へと入っていくのであった。

近代沖縄の写真資料

　さて、ここで改めて近代沖縄の写真資料について触れておきたい。近代沖縄に関する写真資料は、さほど数が多いとは言い難い。沖縄関連のデジタルアーカイブで確認できる範囲でも、琉球大学附属図書館、那覇市歴史博物館、沖縄県立図書館の検索でヒットするが、その撮影地の大半が首里と那覇に集中している。

　また、その撮影者のほとんどが外から沖縄へ訪れた人々である。明治前半の写真資料には、首里城を背景に日本陸軍の軍人らしき人物が映った写真が数枚あり、置県処分後に首里城を接収した熊本鎮台分遣隊の関係者が撮影したと思われる。また、近代の沖縄へ訪れた外国人や研究者は、自らの関心に沿った沖縄の姿を写真に納めている。後述するが、そのために沖縄の人々や風景に対する好奇の眼差しが垣間見えるのも事実である。1905年から那覇の天妃町に店舗を構えた坂元商店（創業者は鹿児島出身の坂元栄之丞）は、明治から大正期ごろの沖縄の風景、名所旧跡、年中行事、人物、動植物の写真を絵葉書にし、沖縄県内で唯一販売していた（坂元商店絵葉書アルバム所収）。これを踏まえて、本書の戦前パートを読み進めるうえでは、次の3点に注目いただきたい。

　まずひとつが「近世琉球の名残」である。沖縄という土地は、沖縄戦とその後の米軍統治時代を経て大きく風景が変化した。一方、近代の写真に目を凝らすと、例えば、浦添から普天満宮に至る普天間街道の立派な松並木（じのーんなんまち）の様子や、1908年に取り壊された首里の「中山門」、久米孔子廟での釈奠など近世琉球の時代から続く風景が見てとれる。また、人々の服装や頭上運搬、サーターヤーでの作業風景など、人々の生活の様子にも近世の名残が感じられる。近代の写真を通して、近世琉球の時代を想像してみてほしい。

　他方、2点目に挙げるのが、近代特有の光景である。那

覇の街中には路面電車や人力車が走り、コンクリートや煉瓦で造られた建物が立ち並ぶ。一中（現・首里高校）対二中（現・那覇高校）の野球試合は、さながら沖縄版早慶戦といったところであろうか。当時の新聞に目を通すと、その熱狂ぶりがうかがえる。また、人々が何気なく身に付けている和装は、沖縄県設置当初から学校において奨励され、琉装の否定と対になっていた。近世の名残を残しつつも、都市部を中心に近代特有の光景が広がっているように思える。

　そして、最後に沖縄に対する好奇の眼差しを挙げたい。戦後に米軍が撮影した写真にも時々感じられるが、近代の写真をみていると、不自然さや違和感を覚えるものにチラホラ出会うことがある。本書で取り上げたすべての写真がそうとは断言できないが、そこには当時の沖縄イメージや、物珍しい好奇な目で沖縄の人々を見るような視点が内包されている。例えば、沖縄に生息するハブは、

沖縄イメージのステレオタイプであり、非常に危険な毒蛇が生息する「未開の地」としてのイメージが投影された。また、辻遊郭は花街であると同時に社交場や文化芸能の場でもあったが、そこで働く女性たちには「辻売り」という沖縄社会が抱える貧困の歴史が重なる。

　本書の戦前（近代）パートでは、写真に収められた情報から近世の名残や当時の生活の様子を読み取ったうえで、少し視点を変えてシャッターを切った側（そのほとんどが外から沖縄に来た人間）の意図を想像しながら読み進めてほしい。

戦中

避難する母親と子どもたち。首里の南側戦線にて。1945年6月。沖縄県公文書館 所蔵
Automatic Image Colorization

十・十空襲で炎上する那覇市街。那覇港一帯から黒煙が上がっている。左奥の小島が奥武山で、左下には天妃国民学校(現 天妃小学校)が見える。1944年10月10日。沖縄県公文書館 所蔵

焼け野原となった那覇市街。飛んでいるのは通称「トンボ」と呼ばれた米軍の観測機L-5センチネル。この飛行機の観測をもとに艦砲射撃を行ったことから、住民からは艦砲の予兆として恐れられていた。U.S. National Archives and Records Administration

沖縄島の海岸に押し寄せる米軍のLST（戦車揚陸艦）。戦争体験記では「海を覆い尽くすほど」の艦船が来たという証言もあるが、地上から見るとまさにその通りだっただろう。1945年4月3日。沖縄県公文書館 所蔵

激しい地上戦により破壊された首里城と首里の街並み。左奥の水面が龍潭で、手前は瑞泉門付近の城壁と思われる。
1945年5月。沖縄県公文書館 所蔵

首里城の城壁に星条旗を立てる米兵。U.S. National Archives and Records Administration

首里城の地下に掘られた日本軍の第32軍司令部壕。総延長1千数百メートルにおよび、野戦築城隊のほか、動員された沖縄師範学校の生徒や首里市民によって構築された。1945年5月。沖縄県公文書館 所蔵

那覇の街並み、1945年5月6日。沖縄県公文書館 所蔵

安謝川を渡り那覇へ進撃する米軍。1945年5月10日。沖縄県公文書館 所蔵

焼け野原となった那覇市街。手前のレンガの建物は那覇郵便局の敷地内にあった建物。その右側には那覇市役所の基礎部分が見える。
1945年6月。沖縄県公文書館 所蔵

廃墟となった新天地劇場の建物を調べる米兵。那覇の市街地にて。入口には「食堂」の文字が見える。1945年6月11日。沖縄県公文書館 所蔵

破壊された沖縄県鉄道の那覇駅構内。被災した車両がそのまま残されている。左奥には首里城正殿に似た武徳殿の屋根が見える。1945年5月。沖縄県公文書館 所蔵

那覇駅構内の転車台とキハ21。車内には壊れた網棚も見える。車体の弾痕が生々しい。1945年6月17日。沖縄県公文書館 所蔵

壊滅的被害を受けた与那原の街並み。交通結節点として栄えた与那原も一面が焼け野原になった。与那原三叉路や与那原駅に続く線路の土手（築堤）も見える。1945年5月24日。沖縄県公文書館 所蔵

大きな被害を受ける地域もある一方で、被害を免れた集落もあった。戦闘が起こらずに戦線が通り過ぎたり、あるいは収容所として利用するため米軍が意図的に残すこともあった。写真は1945年5月撮影の与那城村照間付近(現 うるま市)。沖縄県公文書館 所蔵

幼児を背負って歩く少女のそばを通り抜ける米軍のLVT（水陸両用車）。伊平屋島にて。1945年7月17日。沖縄県公文書館 所蔵

座り込む住民の横を走り抜ける第3海兵軍団第22部隊の海兵隊員。1945年。沖縄県公文書館 所蔵

米軍の船で沖縄島北部に移送された住民。頭上に大きな荷物を載せている。北部の収容所に移動させられる途中と思われる。1945年7月12日。沖縄県公文書館 所蔵

負傷した足で歩く少年と、その父親。与座(現 糸満市)の住民で、「捕虜」になって知念村(現 南城市)の収容所へ向かうところ。1945年6月。沖縄県公文書館 所蔵

米軍の通信隊（最後尾）に付き添われて山を降りる住民。学生帽をかぶる青年が高齢者を支えている。慶留間島にて。米軍が慶留間島に上陸した1945年3月26日頃。沖縄県公文書館 所蔵

野原にしゃがみこんで泣く子どもたち。後方には米兵も見える。隠れていた住民が米軍に捕まると近くの空き地などに集められ、数時間から数日後に収容所へ移送された。1945年6月。沖縄県公文書館 所蔵

沖縄島の前線から病院船へ連れていかれる負傷者。高齢女性が解放してもらえるよう米兵に懇願している様子。1945年4月1日。沖縄県公文書館 所蔵

住民に話しかける米兵。住民のひとりが英語を話せたため米兵と直接交渉し、壕に隠れていたほかの住民にも投降するよう説得した。投降して助かるケースがある一方で、投降しようとして日本軍に射殺されるケースもあった。1945年4月1日。沖縄県公文書館 所蔵

米軍の「捕虜」となった女性と子ども。本来、「捕虜」は軍人のことを指すが、住民も米軍に捕まり「捕虜」となった。読谷山村にて。1945年4月4日。沖縄県公文書館 所蔵

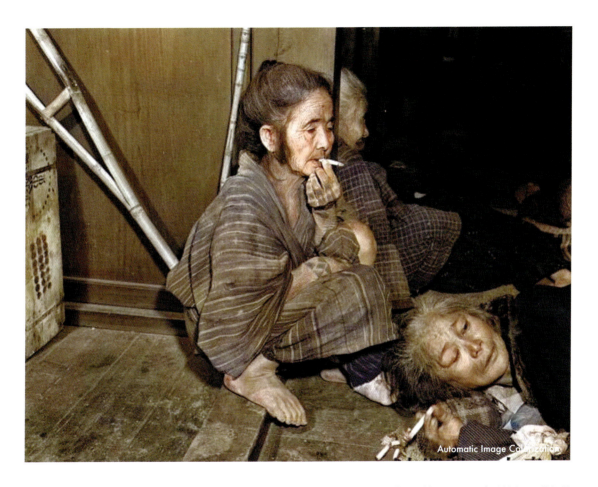

米軍が民家に設置した病院にてタバコを吸う女性。後ろには松葉杖が見える。読谷山村にて。1945年4月4日。沖縄県公文書館 所蔵

子どもを背負う女性。読谷山村にて。1945年4月4日。沖縄県公文書館 所蔵

米軍の「捕虜」となった住民。米軍が沖縄島に上陸してまだ2日しかたっていないためか、着物がまだ汚れていないようにみえる。1945年4月2日。沖縄県公文書館 所蔵

米軍により海岸の茅葺き家屋に集められた住民。米軍に捕まり不安げな表情だ。伊平屋島にて。1945年6月3日。沖縄県公文書館 所蔵

米軍の侵攻によって家を追われた住民。アメリカのタバコを吸っている。収容所への移送を待っている時の写真か。1945年4月3日。沖縄県公文書館 所蔵

親にのどを切られ負傷した子ども。座間味島に設置された米軍の病院にて。1945年4月21日。沖縄県公文書館 所蔵

のどを切りつけ自殺を図ろうとした女性を診る米軍の医師。読谷山村にて。1945年4月4日。
沖縄県公文書館 所蔵

住民の女性と一緒にイモ掘りをする米海兵隊員。彼がうまく掘れなかったため、すぐ女性が替わったという。収容所では食糧確保のため農作業もおこなっていた。1945年4月23日。沖縄県公文書館 所蔵

地元女性の案内で豚を捕獲し運ぶ海兵隊員たち。女性の手には足付盆など生活雑器も見えるため、家まで荷物を取りに帰っていたのかもしれない。1945年4月6日。沖縄県公文書館 所蔵

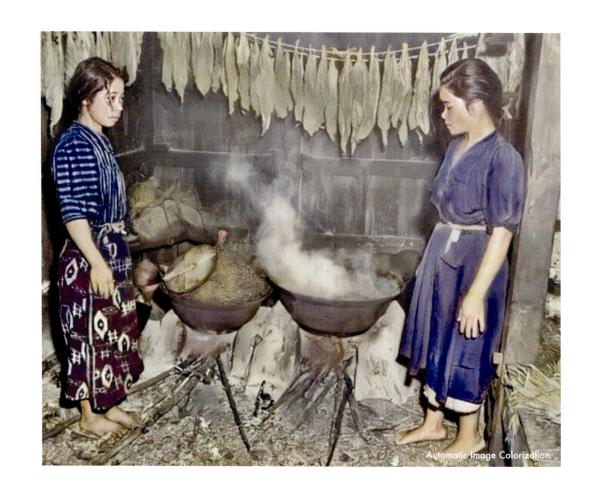

民家の調理場で豚を調理する女性たち。伊平屋島にて。1945年6月6日。沖縄県公文書館 所蔵

米軍のMP（憲兵）の先導で与勝半島の収容所へ向かう女性たち。手には黒い液体（醤油？）が入ったビンが見える。頭上の麻袋も食糧だろうか。1945年5月。沖縄県公文書館 所蔵

収容所でイモの配給を受け取りに来た女性たち。それぞれ大きなバーキ（竹かご）を持参している。1945年5月。
沖縄県公文書館 所蔵

日本軍の看護師(左)と助手を務める地元の女性たち。日本兵捕虜収容所の病院にて。1945年6月26日。沖縄県公文書館 所蔵

金武の水場（金武大川）で洗濯をする住民。奥では野菜を洗っているようである。湧き出た水はまず飲用となり、次に野菜洗い用、水浴び用、洗濯用となった。1945年4月26日。沖縄県公文書館 所蔵

真壁村伊敷(現 糸満市)にあった轟の壕から500〜600名の救助の手助けをした5人。左端の空手家・宮城嗣吉さんは先に投降し、米海兵隊に壕を攻撃しないよう懇願。再度、壕へ戻って隠れていた住民らを説得した。1945年6月24日。沖縄県公文書館 所蔵

カメラを意識してポーズをとる女性たち。1945年4月9日。沖縄県公文書館 所蔵

収容所にて食料を受け取りにきた女性。手に持っている布はふろしきだろうか。後ろには行列ができている。1945年4月7日。沖縄県公文書館 所蔵

羽地村(現 名護市)田井等の収容所にて。米軍が付けた写真キャプションには「典型的な家族」とあるが、戦中は青少年や現役世代は兵役や軍作業に動員され、残された家族は女性と子どもと高齢者ばかりになっていた。沖縄県公文書館 所蔵

米海兵隊のCP（指揮所）が設置された糸満の白銀堂。各方面に延びる線は通信用の電話線だろうか。1945年6月13日。
沖縄県公文書館 所蔵

荷車を引く女性。泡瀬周辺に設置された下原(しもばる)の民間人収容所にて。4月22日の米軍の報告によれば、この収容所に6,200人の住民がいたという。1945年5月。沖縄県公文書館 所蔵

多くの住民が集められた下原の民間人収容所だが、米軍の泡瀬飛行場建設にともない3kmほど離れた高江洲に移動させられた。その後も住民は基地建設にともなって収容所を転々とすることになった。1945年5月。沖縄県公文書館 所蔵

収容所へ移送させられる子どもたち。1945年4月15日。沖縄県公文書館 所蔵

怪我をした少女を抱く海兵隊の薬剤師補佐。1945年5月10日。縄県公文書館 所蔵

2人の少女と背負われた赤子。1945年5月10日。沖縄県公文書館 所蔵

傘をさす少年。1945年5月。沖縄県公文書館 所蔵

水を飲む少女。1945年6月。沖縄県公文書館 所蔵

海兵隊の少佐に群がる子どもたち。当時の子どもたちは「ギブミー」と言ってお菓子をねだっていた。写真ではマッチをあげていたという。1945年5月。沖縄県公文書館 所蔵

収容所で米軍から配給される食料を受けとる少年。1945年4月12日。
沖縄県公文書館 所蔵

カメラを意識して整列する子どもたち。座間味島にて。1945年5月7日。沖縄県公文書館 所蔵

先生と子どもたち。伊江島にて。1945年4月25日。沖縄県公文書館 所蔵

コザの孤児院にて目隠し鬼ごっこをして遊ぶ子どもたち。手を叩きながら子どもたちを見守っているのは、教員を養成する師範学校からひめゆり学徒として動員された津波古ヒサさん（旧姓：岸本）。沖縄県公文書館 所蔵

監修者解説

戦時下の沖縄

喜納　大作　　沖縄国際大学南島文化研究所特別研究員

十・十空襲と沖縄戦

　沖縄では戦争を「イクサ」、その時代を「イクサユー（戦世）」と表現する。1937年に日中戦争が始まり、1941年には真珠湾攻撃によって太平洋戦争が始まることで、日本全体が総力戦体制に移行していく。そのなかで沖縄のイクサユーはどのようなものだったのか。その流れを概観したい。

　1944年3月に南西諸島を守備範囲とする第32軍が組織され、4月から隷下部隊が続々と沖縄島に到着した。沖縄に配備された日本軍部隊は南西諸島を「不沈空母」にするべく16か所で飛行場建設を開始、各部隊でも陣地壕などを構築した。

　1944年10月の米軍による十・十空襲では各地に被害が出た。特に那覇市の被害が著しく、当時の市域の約9割が焼失した。海の向こうの「戦争」が、ついに沖縄までやってきたのである。45年3月23日より米軍による空襲や艦砲射撃が開始。26日に座間味島、27日に渡嘉敷島、そして4月1日に沖縄島西海岸（読谷・北谷）に上陸した。3日、米軍は早くも東海岸へ到達。沖縄島は南北に分断された。13日には北端の辺戸岬に到達した。一方、中南部では住民を巻き込んだ激しい戦闘が続いた。6月23日ごろに日本軍の牛島満司令官と長勇参謀長が自決し組織的な戦闘は終了するが、ゲリラ戦はしばらく続いた。そして9月7日に沖縄方面における降伏調印式が行われ、ようやく沖縄戦が終結した。

　沖縄戦の戦没者は約20万人におよぶ。そのうち沖縄県出身者が約12万人、他都道府県出身の日本兵が約6万5千人、米兵が約1万2千人となっている。

総力戦体制のなかの生活

　つぎに住民視点で沖縄戦を見ていきたい。開戦後しばらくは他県同様に「欲しがりません勝つまでは」という

生活だったが、44年の第32軍配備からは、より一層、日常のなかに戦争が入り込んでいった。

　今回は中城村の事例をとりあげてみたい。県内に配備された日本軍部隊は、飛行場や陣地壕の構築を始めたが、この手作業での土木工事に多くの住民が動員された。集落や家族単位で割当人数が決められ、それに応じて作業者を出す必要があった。もとより徴兵や徴用で労働力が不足している状況であり、普段の農作業や家事がままならないほど生活が圧迫された。

　各学校は部隊の事務所や宿舎となり、子どもたちの学習の場は校外に追いやられた。新垣集落では、民家が宿舎や食料庫、弾薬庫になった。住民は台所や屋敷内の小屋などに追いやられ、自分の家に入るために見張りの兵士の許可を得ないといけない、という状況もあった。

　このような生活が数か月続き、45年3月、上陸に向けた米軍の攻撃が始まった。このとき北部や南部に避難する者、村に残った者など、それぞれの避難行動をとったが、異なる戦争体験をすることとなった。山地である北部は戦闘による死者は少なかったが、マラリアや食糧難に苦しめられた。一方で日本軍を頼って南部に避難した者は、梅雨明けまで続く戦闘に巻き込まれることとなった。戦闘のある昼間は壕などに隠れ、夜に月明かりを頼って、より安全な場所に移動した。食料や水もなく、排泄をするにも命がけの極限状態となっていた。

　中城村内に残った者は早々に米軍に捕まったことで助かる者が多かった。なかには野嵩（宜野湾市）の親戚宅に隠れていたら、いつの間にか集落が収容所になっており、捕まることなく収容所にいた、というケースもあった。

収容所からの再起

　隠れていた住民が米軍に捕らえられ「捕虜」となると、近くの広場に集められた。数時間から数日、待たされた後に、軍属と民間人に分けられトラックや船、徒歩で収容所に移送された。

　収容所では、ひとつの民家やテントに数家族が入れられ、見知らぬ家族との共同生活がスタートした。戦況や基

地建設よって収容所を転々とさせられることもあった。

　戦争が終わると住民の帰村が始まった。中城村民の場合では46年1月から帰村が始まるが、すぐに自宅へ帰れるわけではなかった。集落単位で住民が集められ、まずは村内の一時収容所に移送された。そこでしばらく生活した後、自宅へ戻ることができた。しかし自宅が焼失している場合や、自宅に他人の遺体が散乱している場合もあった。一時収容所から自宅へ通い、住める状態にしてから戻ったという。あるいは自宅が米軍基地にとられたため戻れなかったケースもある。

カメラに向けた笑顔

　ここで改めて本書に収録された写真を見てみたい。すべて米軍撮影の写真となっており、住民視点でいえば「捕虜」となって以降を写したものとなる。

　写真を見ると笑顔の住民も多い。敵軍に捕まり「殺されるかもしれない」という恐怖から「とりあえず殺されることはないようだ」という安堵に変わり出た笑顔かも

しれない。しかし、米軍が付した本来のキャプションにも注目したい。たとえば住民と一緒に農作業をする兵士の写真だと、兵士の所属部隊、フルネーム、住所、妻の名前まで記されている。つまりアメリカ本国に向けた広報用写真であり、良い部分だけを写している点に留意しなければならない。

　とはいえ、これらの写真は当時の諸相を伝える貴重な資料となっている。本書ではカラー化によって、文字通りそれが鮮明になった。華やかな柄の着物、チェック柄のもんぺ、炎天下で配給を待つ人々。モノクロでは感じられなかった空気感、気温・湿度、匂いまで感じられるようだ。色が付くことで、私たちの生きる現代と地続きの世界で起きていた戦争だったと改めて気付かされる。

　今年で戦後80年となる。しかし残念ながら海の向こうではまだ戦争が続いている。本書の写真を通して、メディア越しに見る戦争のなかにも住民の生活があり、戦争とは何だろう、平和とは何だろうと考えるきっかけにしていただければ幸いである。

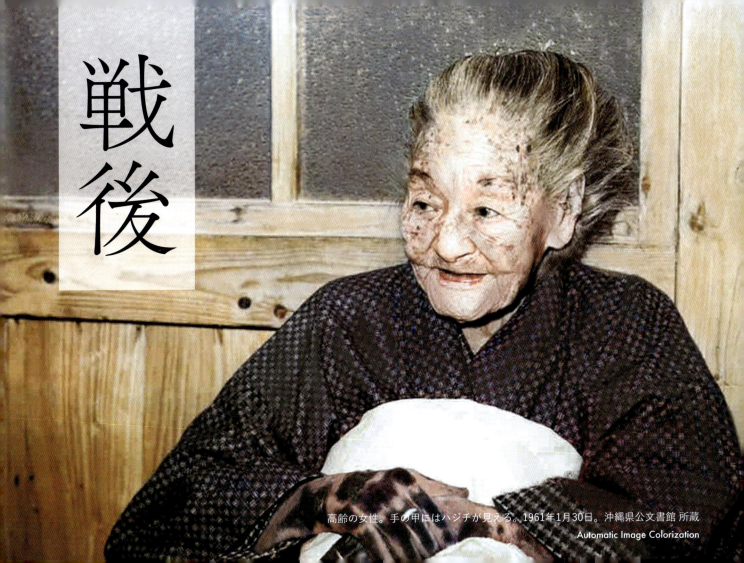
高齢の女性。手の甲にはハジチが見える。1961年1月30日。沖縄県公文書館 所蔵

空襲と地上戦により壊滅状態となった那覇市街地を波上宮から望む。右下の焼け野原は辻遊郭。1948年。
沖縄県公文書館 所蔵

沖縄戦で使用され残骸となった航空機の一部を加工して大型鍋を作る作業員と子どもたち。1948年。沖縄県公文書館 所蔵

「ひめゆり学徒隊」の母校で知られる女子師範学校・第一高等女学校の跡地に開かれた栄町市場(旧真和志村安里)。1956年12月。那覇市歴史博物館 提供

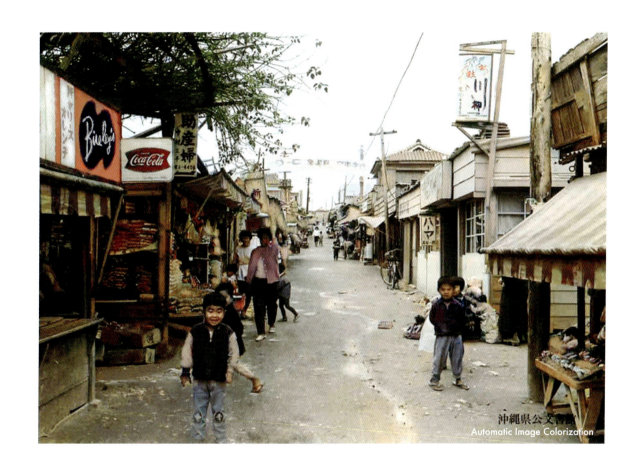

那覇市樋川の風景。1965年3月1日。沖縄県公文書館 所蔵

自分で作ったかごを持って市場へ向かうふたりの男性。1948年。沖縄県公文書館 所蔵

頭に荷物を載せて歩く女性たち。石垣市にて。1960年1月。沖縄県公文書館 所蔵

結婚式の出席者たち。1946年12月。沖縄県公文書館 所蔵

浜比嘉島の女性たち。1965年。沖縄県公文書館 所蔵

写真展に来た子どもたち。1964年。沖縄県公文書館 所蔵

路地で遊ぶ子どもたち。1964年。沖縄県公文書館 所蔵

当時の沖縄で使用されていた通貨「B型軍票(B円)」が米ドルに統一されることになり、交換所に列をなす人々。1958年9月。沖縄県公文書館 所蔵

米軍基地内で働く沖縄の女性たち。兵士たちがタバコやキャンディなどを買いにくる。1948年。
沖縄県公文書館 所蔵

クリスマス・歳暮大売り出しの懸垂幕が掲げられた大越百貨店と国際通りを往来する人々。大越百貨店は1957年に有力実業家・大城鎌吉が創業、近隣の沖縄山形屋とともに国際通りのランドマークとして名を馳せた。1960年。沖縄県公文書館 所蔵

那覇・平和通り商店街を歩く女性。1968年12月。沖縄県公文書館 所蔵

新基地建設のために米軍は1953年土地収用令を公布、沖縄各地で土地を接収していった。宜野湾の伊佐浜では水田を含む広大な土地の接収に住民が抵抗したが、米軍はバリケードを張り巡らせてブルドーザーで家屋を破壊、水田に土砂を流し込んで強制的に接収を行った。写真は幟を建てて抵抗する人々。沖縄県公文書館 所蔵

宜野湾伊佐浜の住宅。これらの家屋は米軍による強制接収で破壊され、家と土地を失った住民は移住を余儀なくされた。1955年7月。
沖縄県公文書館 所蔵

本格化する米軍の土地接収に住民は激しく抵抗した。折衝の結果、米本国から調査団が派遣されることになったが、提出された報告書「プライス勧告」は米軍の土地政策を基本的に追認するものだった。住民の怒りは頂点に達し、「島ぐるみ闘争」と呼ばれる全島的な抵抗運動が巻き起こった。写真は1956年6月20日、抗議集会の模様。各地で一斉に開催された集会には、住人の4人にひとりが参加したとも言われる。出典:『写真集那覇百年のあゆみ』。那覇市歴史博物館 提供

1946年に結党された沖縄人民党は、米軍統治に対して最も明け透けに批判を展開する政党として米軍当局の警戒対象だった。1954年、労働者を中心に支持基盤を広げつつあった人民党に対し、米軍当局は奄美出身の活動家を匿ったとして瀬長亀次郎をはじめとする幹部を一斉に逮捕・投獄した（人民党事件）。写真は逮捕から約2年後の1956年4月9日、刑期を終えて出獄する瀬長。すぐさま政治活動に復帰し、同年末の那覇市長選で劇的な勝利をおさめるなど、強権的な米軍統治に対する不満の代弁者として地位を確立していく。出典：『写真でつづる那覇戦後50年　1945-1995』『大琉球写真帖』、那覇市歴史博物館 提供

1959年6月30日、石川市で飛行中の米軍ジェット戦闘機が操縦不能となり住宅地に墜落、周辺の民家をなぎ倒した後、宮森小学校の校舎に激突した。撒き散らされた大量の燃料で付近は激しく炎上、児童11人を含む17人の死者を出す大惨事となった。17年後には事故で負った火傷の後遺症でさらに1人が亡くなっている。那覇市歴史博物館 提供

米ソの熾烈な核開発競争の影響で、1950年代半ばから沖縄の米軍基地にも膨大な量の核兵器が持ち込まれるようになった。1962年、ソ連がキューバに核ミサイルを配備したことを知った米国が、嘉手納飛行場に核爆弾を搬入して即応体制をとったことで、沖縄はにわかに核戦争の最前線に立たされることとなった。嘉手納飛行場に搬入される核爆弾マーク7。1962年10月23日、沖縄県公文書館 所蔵

米軍統治下の沖縄において絶大な権限を握り、「沖縄の帝王」と呼ばれたのが高等弁務官であった。なかでも第3代高等弁務官キャラウェイは行政・立法・司法はもとより経済界にも直接介入する強権的統治で「キャラウェイ旋風」と呼ばれ恐れられた。写真はキャラウェイ着任記者会見。1961年2月14日。沖縄県公文書館 所蔵

伊平屋島を訪問した高等弁務官を迎える人々。1968年。沖縄県公文書館 所蔵

1951年、米国民政府が崇元寺敷地内に設置した那覇琉米文化会館。公共図書館の役割を担う一方、住民への親米宣撫工作の拠点施設としても機能した。琉米文化会館は宮古・八重山を含めて5館が誕生、1960年代には同機能をもつ琉米親善センターがコザ、嘉手納、糸満、座間味に設置された。那覇市歴史博物館 提供

琉米の国際婦人クラブ定例会での特別イベントの様子。米琉の有力者の夫人たちがファッションショーを開催しており、観客の中にはキャラウェイ高等弁務官夫人、アンドリック民政官夫人の姿もある。会場となったのは那覇市上泉町の米軍施設ハーバービュークラブで、在沖米人の会員制社交クラブとして使われた。1961年。沖縄県公文書館 所蔵

1964年に開催された東京オリンピックに際して、当時米軍統治下にあった沖縄でも聖火リレーが行われた。奥武山陸上競技場に設けられた聖火歓迎の門。1964年9月7日。沖縄県公文書館 所蔵

東京オリンピック聖火リレーのコースに設定された糸満・摩文仁の丘。ランナーを務めた金城安秀さんは沖縄戦犠牲者の遺児でもあった。1964年9月8日。沖縄県公文書館 所蔵

123

1966年9月に襲来した第2宮古島台風(コラ台風)は、宮古島において住家の半数以上を損壊し、サトウキビの7割が収穫不能、野菜果樹の全滅という甚大な被害をもたらした。最大瞬間風速85.3メートルは日本の観測史上1位。沖縄県公文書館 所蔵

コラ台風の被害状況を視察する松岡政保行政主席とワトソン高等弁務官。1966年9月9日。沖縄県公文書館 所蔵

1950年9月17日、沖縄・宮古・八重山・奄美で知事選が行われた。沖縄群島知事公選知事を据えた群島政府が誕生するも、1年余りで解体。住民による首長選挙は1968年に主席公選が実現するまで棚上げされることとなった。沖縄県公文書館 所蔵。

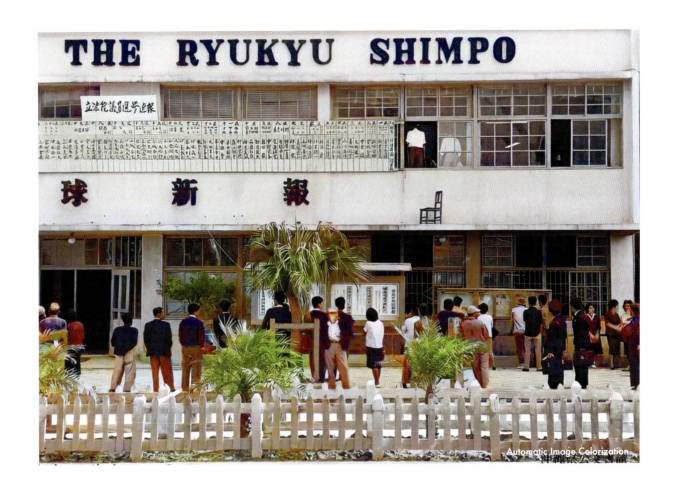

1960年に実施された第5回琉球立法院議員総選挙で開票速報を待つ人々。琉球新報前にて。沖縄県公文書館 所蔵

1968年11月、B52戦略爆撃機が嘉手納基地内で墜落炎上したことを受け、B52撤去を求める2.4ゼネストが計画された。個別企業のストライキと異なり、明確な政治的要求を掲げたゼネストに対して、日米両政府は切り崩し工作で対抗。ゼネストは最終的に回避されたが、住民の反発は収まらず、5万人規模の抗議集会が開催された。1969年2月4日嘉手納総合グラウンド。沖縄県公文書館 所蔵

教職員の政治行為の制限、争議行為の禁止を盛り込んだ「地方教育区公務員法」「教育公務員特例法」(通称・教公二法)を強行採決しようとした親米保守勢力に対して、教職員・住民ら2万人が集まり、阻止行動を展開。議会は空転、教公二法は廃案に追い込まれた。写真は1967年1月28日に立法院横広場で行われた抗議県民大会。沖縄県公文書館 所蔵

「WELCOME VIETNAM RETURNEES（ようこそベトナム帰還兵）」の幕が掲げられたコザのビジネスセンター通り（BC Street）。隣接する嘉手納基地が1960年代にベトナム戦争の出撃基地となり、明日をも知れぬ米兵たちは、戦場に戻るまでの束の間、酒や音楽、女を求めてコザの街へ繰り出した。那覇市歴史博物館 提供

栄華の裏でコザの街では米兵犯罪が相次いだ。当時の法制は米兵犯罪に対する取り締まりが不十分で地元住民の被害者は泣き寝入りを余儀なくされていた。1970年12月、酒気帯び運転の米兵が沖縄人をはねた事故をきっかけに、鬱積した住民の不満は爆発。数千人の群衆が米軍車両およそ80台を焼き討ちにする大事件に発展した（コザ暴動）。1970年12月20日。那覇市歴史博物館 提供

国際通りでの歩行者天国。1972年9月23日。沖縄県公文書館 所蔵

1974年3月2日に那覇市小禄の聖マタイ幼稚園近くの下水道管工事現場で旧日本軍の改造地雷に重機が触れて爆発、幼児を含む4人が死亡、34人が重軽傷を負い、周辺家屋等にも大きな被害を出す大惨事となった。沖縄県公文書館 所蔵

監修者解説

戦後（米国統治期）の沖縄

古波藏　契　　明治学院大学社会学部付属研究所研究員

伝統と近代の混淆

　沖縄戦を挟み、島の風景は一変した。戦争は、それまで島に根付いていた伝統的な暮らしと風景を根こそぎ破壊した。ある証言者は、疎開先から郷里に戻る船の甲板から見た風景を「島全部が皮を剥がされたみたい」と表現した。次に、冷戦という新たな戦争に備えるための“基地の島”の建設が始まった。日本に代わり沖縄の施政権を握った米国は、更地の上にフェンスを張り巡らせ、必要な土地を囲い込んでいった。戦前は純農村県だった沖縄の各地に基地が築かれ、その周辺には横文字の看板を掲げた店舗が軒を連ねる「門前町」が現れた。

　戦後編には、そのように変わっていく島の様子を記録した写真を収録している。頭上に物を載せて歩く女性たちの姿や、老婆の手の甲のハジチ、石垣に囲われた家屋敷の様子には、戦前来の伝統の名残を見ることができる。他方、ドル紙幣やコーラの瓶、車が行きかう道路や百貨店の様子など、米国と一緒に流れ込んだ近代化の兆しも随所に映り込んでいる。

　近代化は米国の沖縄統治戦略の中心要素だ。沖縄における米国の目標は、基地の安全を保つことであり、住民との融和も重要なミッションの一つだった。そのために米国は、積極的に地元住民と接触し、自国社会が体現する近代化の道筋を歩むよう奨励した。島の各地に琉米文化会館を設置し、機を捉えてファッション・ショーやダンス・パーティを開催し、災害に見舞われた地域を訪れては支援を表明することで、地元住民と米国市民の相互理解を訴えた。

　ただし戦前の日本と異なり、米国は沖縄の伝統文化を否定したわけではない。むしろ日本の版図に入る以前、独立国として存立した琉球王国時代の記憶を喚起しようとした。そのため日本の一部であることを連想させる「沖縄」よりも、「琉球」という呼称を好み、琉球銀行や琉球大

学、琉球政府等、公的機関には全て後者を使った。それは米国統治を脅かす「祖国復帰運動」の求心力を削ぐためでもあったが、それ以上に「近代化」が文化の違いを超えて共有し得る普遍的な価値を持つと信じていたからだ。

為政者の視線

　米国にとって近代化とは、経済の発展や住民自治の拡充、個人の尊厳の擁護といった否定し難い要素を含んでいた。人種による差別の撤廃や、男女の同権、労働者の地位の向上を声高に唱え、為政者としての正当性を獲得しようと努力した。だからと言って、米国が自ら掲げた近代的価値を文字通りに追求したわけでない。沖縄統治の基本的枠組みを定めたFEC指令は、そうした価値の実現を目標に掲げながらも、その全てについて軍事目的に差し障らない範囲で、という決定的な但し書きを付けていた。

　戦後編のページを繰っていくと、米軍絡みの事故を記録した写真も出てくる。本書で紹介されているのは、米軍駐留から派生する膨大な事件・事故の、その氷山の一角だ。米国が沖縄の直接統治にこだわったのは、他国政府に干渉されずに自由に使える基地が必要だったからに他ならない。そこには核や毒ガス兵器の配備に加え、土地の収用、労働者の権利の制限、言論・出版の統制、そして住民に厳しく米軍関係者には甘い不条理な法体系等、日本本土では確保しづらい諸々の特別措置も含まれる。米軍当局のトップであり、軍司令官を兼ねる高等弁務官は、立法・行政・司法の全領域にまたがる権限を掌握し、「沖縄の帝王」と呼ばれた。米国は地元住民の置かれた地位に幾分同情的だったが、結局は“自由主義世界を防衛”という大義のための尊い犠牲として正当化した。

　近代編の解説でも指摘しているように、本書に収録された写真を読み解く上では、そこに映り込む撮影者の意図に注意しておく必要がある。特に米軍当局は意識的に

写真を統治のツールとして活用した（この点についてはボーダーインク編『「守礼の光」が見た琉球』も併読されたい）。生き生きと働く住民の表情や、発展を遂げる島の風景を映した写真は、一見客観的な記録だが、米国統治が島にもたらした恩恵をアピールするための広報素材でもあった。

平穏な日常を破る

　もちろん実際の米国統治は、為政者が主張するほど住民から支持されたわけではない。どれだけ取り繕っても、米国が住民生活より軍事基地を重んじていることは明らかだった。両者の間には不和が絶えず、時に激しい異議申し立ての動きが生じた。本書でも、島ぐるみ闘争や教公二法阻止闘争、コザ暴動等、代表的な出来事を紹介している。いずれも過去幾度となく語られてきたトピックではあるが、写真で振り返ることには意味がある。運動の現場には、言葉での説明が難しい要素が多く含まれてい

るからだ。

　路上や街路のデモは、日常生活を送る空間を様々異様な行為を通じて非日常の空間に変える実践だ。整然とした官公庁の通りを群衆が走り回るのも、日頃は他人として振舞う人々がスクラムを組み、平時は抑制すべき声のボリュームを開放して叫ぶのも、日頃は動かし難く思える秩序の網から身を剥がして変革を訴えるために必要な身体の所作だ。そうした場では、横断幕に掲げられたメッセージの文言や、朗々とした演説の中身より、喉を振るわせて声を出す行為や、日常の秩序が宙吊りになった空間に共に身を置く経験自体が意味を持つ。文書資料に頼る歴史学が苦手とし、写真や映像が強い領域だ。カラー化によって場の異様さが一段鮮明になっているかもしれない。

　カラーになったことで今の沖縄の風景と重なって見える写真もある。米軍機になぎ倒された校舎や爆発で抉れた地面の写真は、復帰から半世紀余りを経た今も変わら

ず基地の島の現実を映しているようにも見えるし、ある
いは未来への警句のようにも見える。

編者あとがき
写真の向こう側の人々へ

ホリーニョ　　白黒写真カラー化プロジェクト

今回、私にとっては初めての書籍づくりでしたが、ボーダーインク編集者の喜納えりかさんによる手厚いリードによって、負担なくスムーズに作業をすすめることができました。ありがとうございました。

出来上がった書籍に改めて目を通して思うのは、いままでSNSのタイムライン上でバラバラに存在していた個々の写真たちが、ひとつの繋がりをもったひとつの流れとしても観られるようになり、大きな連続性の中で流れてきた時間を感じられるようになったということです。

本土からはじめて沖縄を訪問する学生や観光客のみなさんが、沖縄の歴史を知るきっかけにこの本がなれたらすごく嬉しいです。さらには昔の沖縄について、ご家族で対話する際の材料にもご使用いただけたら本当に大成功だなと思います。

私が、いままでカラー化の作業をしてきた中で感じてきたのは、写真の向こう側を生きる方々と「目が合う」という感覚でした。

過去の沖縄を生きておられた沢山の方々が、現在とは異なる時間軸の中でいまだに生きていて、向こう側から現代を生きる我々を見つめている、というものです。この書籍をつくる中でも改めてそういった特別な感覚もあり、背筋が伸びる想いで作業をすすめてきました。

改めて今回、書籍づくりをすることができてよかったと思っています。

最後に、私の活動において様々なサポートをいただいたたくさんの皆様に御礼をお伝えします。

沖縄のことを何も知らずに活動をスタートした私に、いろいろと教えてくださったみなさま、SNS上で応援コメントや、関連する情報やご家族の大切なエピソードを

提供してくださったみなさま、本当にありがとうございます。

　また、沖縄をテーマにした素晴らしい書籍（古書）との出会いからも沢山の学びをいただきました。特に、兵庫県神戸市にある沖縄の本専門店、まめ書房さんには、沖縄をテーマに活動しはじめた時から、ずっと伴走いただきながら関連書籍をご紹介していただき、また沖縄の歴史を学ぶ魅力についても教えていただきました。この応援がなければ、ここまで活動を継続できなかったと思います。

　そして、ご多忙の中、監修と解説を引き受けてくださった研究者の前田勇樹さん、喜納大作さん、古波藏契さん、本当にありがとうございます。以前から那覇や神戸の居酒屋で飲みながら懇親を深めてきた尊敬するお三方とご一緒できてすごく嬉しいです。みなさんの研究者として

の今後のご活躍もすごく楽しみにしながら追いかけていきます。

　それでは、最後まで読んでいただきありがとうございました！感想などございましたらSNSなどへメッセージいただけると嬉しいです。
　またいつか那覇の居酒屋でみなさんと一緒に飲みながら、書籍についてお話しさせていただけるのが楽しみです！

　クリスマスソング流れる大阪のカフェにて、かつてあった沖縄の街並みに想いを馳せながら

2024年12月22日

ホリーニョ

参考文献

糸満市史編集委員会編『糸満市史　資料編7　戦時資料　下巻（戦災記録・体験談）』糸満市、1998年

上里隆史『新聞投稿に見る百年前の沖縄：恋愛、悩み、つぶやき、珍事件』原書房、2016年

沖縄県文化振興会史料編集室編『沖縄県史　各論編5　近代』沖縄県教育委員会、2011年

沖縄県教育庁文化財課史料編集班編『沖縄県史　各論編6　沖縄戦』沖縄県教育委員会、2017年

沖縄県教育庁文化財課史料編集班編『沖縄県史　各論編7　現代』沖縄県教育委員会、2022年

沖縄県教育庁文化財課史料編集班編『沖縄県史　各論編8　女性史』沖縄県教育委員会、2016年

沖縄タイムス社編『私の戦後史　第5集』沖縄タイムス社、1981年

加田芳英『図説　沖縄の鉄道』ボーダーインク、2003年

古賀徳子、吉川由紀、川満彰編『続・沖縄戦を知る事典：戦場になった町や村』吉川弘文館、2024年

古波藏契『ポスト島ぐるみの沖縄戦後史』有志舎、2023年

謝花直美『戦後沖縄と復興の「異音」：米軍占領下復興を求めた人々の生存と希望』有志舎、2021年

新城喜一『失われた沖縄風景：新城喜一画集』新星出版、2005年

新城喜一『沖縄風景今昔』新星出版、2009年

中城村教育委員会生涯学習課文化係編『中城村の沖縄戦　証言編　上巻』中城村教育委員会、2022年

中城村教育委員会生涯学習課文化係編『中城村の沖縄戦　証言編　下巻』中城村教育委員会、2022年

那覇市総務部女性室那覇女性史編集委員会編『なは・女のあしあと：那覇女性史』ドメス出版、1998〜2001年

那覇市企画部市史編集室編『那覇百年のあゆみ：激動の記録・琉球処分から交通方法変更まで』那覇市企画部市史
　編集室、1980 年

庭田杏珠、渡邉英徳『AI とカラー化した写真でよみがえる戦前・戦争』光文社、2020 年

ボーダーインク編集部編、古波藏契監修『「守礼の光」が見た琉球：写真が語る・米軍統治下のプロパガンダ誌は沖
　縄をどう描こうとしたか』ボーダーインク、2024 年

前田勇樹、古波藏契、秋山道宏編『つながる沖縄近現代史：沖縄のいまを考えるための十五章と二十のコラム』ボー
　ダーインク、2021 年

宮城弘樹他編『大学で学ぶ沖縄の歴史』吉川弘文館、2023 年

屋嘉比収『沖縄戦、米軍占領下を学びなおす：記憶をいかに継承するか』世織書房、2009 年

吉浜忍、林博史、吉川由紀編『沖縄戦を知る事典：非体験世代が語り継ぐ』吉川弘文館、2019 年

編者略歴

ホリーニョ。1979年兵庫県西宮市生まれ。現在は大阪市在住、IT系企業に勤める会社員。沖縄の戦前〜戦後の白黒写真をカラー化する活動をしている。カラー化写真は、X（旧ツイッター）やinstagramにて発信。

監修者略歴

前田勇樹。1990年、福岡県生まれ。琉球大学附属図書館一般職員／沖縄県立芸術大学附属研究所共同研究員。専門は琉球沖縄史。第44回沖縄文化協会賞「比嘉春潮賞」を受賞。著書に『沖縄初期県政の政治と社会』、共著書に『つながる沖縄近現代史』なとがある。

喜納大作。1984年、沖縄県生まれ。沖縄国際大学南島文化研究所特別研究員。専門は琉球沖縄史。2018〜22年に中城村教育委員会の沖縄戦調査および『中城村の戦争遺跡』、『中城村の沖縄戦 証言編』上下巻の刊行に携わる。

古波藏契。1990年、沖縄県生まれ。明治学院大学社会学部付属研究所研究員／栄町共同書店運営メンバー。専門は沖縄現代史。主著『ポスト島ぐるみの沖縄戦後史』（有志舎、2023年）で社会政策学会奨励賞を受賞。共編著に『つながる沖縄近現代史』、監修に『「守礼の光」が見た琉球』なとがある。

カラー化写真で見る沖縄

2025年2月28日　初版第一刷発行
2025年5月28日　　　第三刷発行

編　者　　ホリーニョ
発行者　　池宮紀子
発行所　　(有)ボーダーインク
　　　　　〒902-0076
　　　　　沖縄県那覇市与儀226-3
　　　　　tel.098(835)2777
　　　　　fax.098(835)2840
　　　　　www.borderink.com

印刷所　　東洋企画印刷

ISBN978-4-89982-481-7
©Horinyo, 2025